EL HOMBRE
Y LOS
TIEMPOS

EL HOMBRE Y LOS TIEMPOS
© **DANIEL CONTRERAS.** Todos los derechos reservados
© **Harvest Books Ltd.** 2025

Publicado por:
HARVEST BOOKS Ltd.
Suite LP58738,20-22 Wenlock Road
N1 7GU -London-
United Kingdom
editorialharvest@gmail.com
www.editorialharvest.net

Diseño y composición: Pixxel Connect Ltd..
(www.pixxelconnect.com)

Obra protegida por el derecho internacional de la Propiedad Intelectual. Safe creative
S.L. Código de registro: 1802152676206

CONSIGUE TODOS NUESTROS LIBROS EN:
www.editorialharvest.net

REDES DE HARVEST:
 harvestbooks
 editorialharvest

"¿Amas la vida?
Pues si amas la vida
no malgastes el tiempo
Porque el tiempo es el bien
del que está hecho la **VIDA**"

DEDICATORIA

Dedico este libro a Juan Antonio Sánchez Jiménez. Un hombre simpático, singular, único. Juan era entusiasta, sediento por seguir aprendiendo y crecer cada día, aunque ya no era un muchacho. Gracias, Juan por tantas cosas que aquí no tendrían cabida; pero, sobre todo, por descubrirme, tú viste en mi lo que yo mismo no veía. Gracias por ser mi primer mentor, aunque hace cuarenta años no se sabía qué era eso. Gracias por tu impronta, ocurrencias y frases únicas. Gracias por tu ayuda en los malos momentos. Y, sobre todo, gracias por inspirarme con tu ejemplo y tesón. Nos dejaste, pero nos reencontraremos de nuevo. Y como tú decías: «Nos vemos en la cumbre».

ÍNDICE

- o Ejemplos de tiempos Pleroma.
- o Josafat y el pleroma.
- o Jesús y el pleroma.
- o Ester y el pleroma.

El tiempo como herramienta de aprendizaje para:

- o Retener
- o Administrar
- o Multiplicar
- o Heredar

Conclusión
Bibliografía
Acerca del autor
Notas

8

PRÓLOGO

Es para mí un honor prologar el libro de Daniel Contreras. Aquí encontrarás el desarrollo del kronos, del tiempo medible, sus características y cómo Dios interviene en el mismo.

Además, querido lector, encontrarás el desarrollo del Kairós, el tiempo de la oportunidad, el momento indicado. En este tiempo, Dios abre espacios dentro del kronos, donde irrumpe para derramar algo de él en nuestras vidas.

Y, por último, veremos el tiempo Pleroma, la plenitud o consumación. En dicho tiempo experimentaremos el estado máximo que alcanzaremos algún día cuando lo veamos a él cara a cara. No obstante, también aquí en la tierra podemos disfrutar del anticipo de este.

Cuando Jesús se transfiguró en el monte, el evangelio en Mateo 17: 14ss nos narra que cuando él descendió, el padre de un muchacho lo abordó y le dijo que los discípulos intentaron liberar a su hijo de un espíritu maligno, pero no lo habían logrado.

Ante este suceso Jesús le dijo «… ¿Hasta cuándo os he de soportar? Traédmelo acá». Y, al intervenir Jesús, ese muchacho fue sanado y liberado en cuestión de minutos.

Los discípulos ante tal grado de sorpresa se le acercaron a Jesús y le preguntaron el por qué ellos no pudieron liberar al joven. Y Jesús les respondió que lo que ellos habían presenciado sólo se lograba «… con oración y ayuno».

Lo que Dios estaba tratando de decirles a los discípulos es que Jesús pudo porque estaba en oración y ayuno. Pero la interrogante surge acerca de ¿cuándo estuvo en oración y ayuno? Justamente, versos antes de este suceso de Jesús con este muchacho, él estaba disfrutando en el monte, de la transfiguración de un tiempo de intimidad, plenitud y de gloria con el padre.

Si deseamos tener resultados extraordinarios y, en ocasiones instantáneos, el secreto está en la intimidad, en pasar tiempos específicos con Dios. Por ello, cuando pasamos horas con el Señor, nuestro resultado será en cuestión de minutos. En una frase, horas con Dios, minutos con las personas.

Ahora bien, cuando disfrutamos de intimidad con Dios entramos en su Kairós, entramos en su Pleroma, disfrutamos porque somos llenados de él. En estos momentos perdemos la noción del tiempo —«kronos» y al bajar de la montaña, en nuestras tareas diarias tenemos éxito.

¿Cuántas cosas no pudimos hacer? ¿Cuántas cosas no pudimos?, porque lo que nos faltó es mayor intimidad con el Señor, con Dios.

Por todo esto, este libro te llevará a subir nuevamente al monte para disfrutar del tiempo Kairós y del tiempo Pleroma y después en el tiempo «kronos», ver el poder de Dios manifestado cada día.

Celebro este libro y declaramos que Cristo crece en cada uno de nosotros.

Bernardo Stamateas.

PREFACIO

Estimado lector, para mí es todo un honor poder escribir este prefacio, ya que conozco bien al autor y le tengo mucha admiración. Es un hombre apasionado y muy organizado en sus tiempos. Tiene siempre presente que el tiempo es vida, y quiere vivirla con propósito, por eso no pierde ni un minuto de su tiempo (kronos) en lo que le aparta de su propósito de vida.

En este libro, vamos a poder entender mejor el tiempo Kairós, de hecho, el autor tiene muchas experiencias vividas a este respecto. Cuando vivimos un tiempo kairós nuestras vidas cambian radicalmente, porque es Dios interviniendo en nuestro «kronos».

Según vayas leyendo y adentrándote en las páginas de este libro, te invadirá la necesidad de pedirle al Creador del tiempo que te ayude a no malgastarlo y a saber aprovechar esos kairós u oportunidades. La manera en la que está escrito, te invitará a hacer una parada en tu lectura para meditar profundamente en este tema tan crucial para los tiempos que estamos viviendo. Y, estoy convencida, de que al terminar de leerlo te animarás a recomendarlo a tus seres queridos, para que también ellos lo puedan disfrutar y crecer un poco más en el conocimiento de este tema tan importante y profundo. Sin lugar a duda, te puedo decir, querido lector, que tu vida no será la misma si decides poner en práctica los consejos que el autor plasma en este libro. Porque para eso, precisamente, es que se propuso escribirlo; para poder ayudar a otros a tomar conciencia de que el tiempo no es algo que pasa cada día mientras estemos en esta tierra y ya está, sino que, si estamos bien atentos, aprovecharemos las oportunidades que Dios nos ofrece para que nuestras vidas cambien radicalmente.

Bueno, te dejo para que empieces a disfrutar de su lectura. Pero antes te voy a dar un último consejo; toma papel y lápiz, y anota todo lo que te llama la atención o te invita a reflexionar, porque así sacarás mucho más provecho a su lectura. ¡¡A disfrutar!!

Esperanza Carrasco.

15

16

INTRODUCCIÓN

Vivimos en la sociedad demasiado acelerada, «el tiempo pasa y nunca vuelve atrás». Vivimos en constante cambio, en constante evolución, sumidos en estresantes tareas y viendo como el tiempo se nos escapa de las manos sin tomar consciencia de ello.

El inventor del pararrayos y padre fundador de los Estados Unidos de América, Benjamín Franklin, dijo algo muy interesante sobre el tiempo y el uso de este: «¿Amas la vida? Pues si amas la vida no malgastes el tiempo, porque el tiempo es el bien del que está hecha la vida».

Personalmente, he llegado a la conclusión de que las barritas mágicas no existen. Por ello, creo que, si lees este libro esperando la «fórmula magistral» no quiero desilusionarte, pero no la encontrarás. No obstante, el libro que estás a punto de comenzar tiene la finalidad de ser tu acompañante para que descubras, vivas y aproveches el tiempo que estás viviendo o la temporada en la que estás a punto de entrar

A lo largo de mi vida he aprendido algunas cosas, sobre todo, por los errores cometidos. Y uno de los aprendizajes que he tenido es que hay cosas que no vuelven si uno no las sabe aprovechar.

Algunas de esas cosas creo que son irrecuperables tales como: el tiempo, las palabras y las oportunidades.

En relación con el tiempo debo decir que, si hoy no duermo, no podré recuperar el sueño por más que duerma mañana, por citar un ejemplo. Las palabras, no sé tú, pero yo, en más de una ocasión, me debería haber mordido la lengua como se suele decir por estas latitudes. Y de las oportunidades, ni qué decir. Ellas son como las olas del mar que esperan los surfistas. Estos deportistas deben estar en el agua, ya que las olas llegan cuando menos la esperan. Si pierden una, es verdad que otra llegará, no obstante; la anterior la perdieron y nunca más volverá. Igual sucede con las oportunidades, es verdad que debemos ser gente optimista y de fe. Mas es cierto que a más de uno se nos escaparon oportunidades porque no las reconocimos o no supimos que era su tiempo.

En una ocasión, buceando por internet leí un artículo que a mi entender me pareció interesante y me gustaría compartirlo contigo hoy. Dicho artículo era acerca del discurso de inauguración del que hoy es el expresidente de

Coca-Cola Brian Dyson. El habló sobre las cinco pelotas de la vida. Este fragmento del discurso nos invita a la reflexión acerca de cómo estamos usando el tiempo en las diferentes esferas de la vida. Dyson compara la vida con cinco aspectos, o mejor dicho a cinco pelotas: la familia, el trabajo, los amigos, la salud y el espíritu.

Brian Dyson dijo lo siguiente.

[…] Imagina la vida como un juego de malabares con cinco pelotas. Las llamas trabajo, familia, salud, amigos y espíritu. Mantienes las cinco pelotas en el aire. Pronto te darás cuenta de que la pelota «trabajo» está hecha de goma. Si la dejas caer, rebotará. Pero las otras cuatro pelotas -familia, salud, amigos y espíritu- están hechas de cristal. Si dejas caer cualquiera de ellas, se rasparán, marcarán, tendrán rasguños, se dañarán o incluso se destruirán de manera irreversible. Nunca volverán a ser las mismas. Tienes que entender esto y luchar para un equilibrio en tu vida. […] Brian Dyson (1).

Estas palabras nos llevan a tomar consciencia acerca de cómo estamos administrando el tiempo o la vida, ya que la vida está compuesta de tiempo. Y como ya hemos dicho; el tiempo es un valor irrecuperable. Dicho esto, aprovechemos bien el tiempo, aprovechemos bien la vida con lo que en verdad es importante. Por esto y por mucho más, quiero que juntos reflexionemos sobre este asunto, y meditemos un poco en las palabras del sabio Salomón y las de otros sabios, cuando en sus muchos escritos llegaron a decir grandes cosas, acerca del tiempo y de cómo sacarle el mayor provecho o partido.

Ellos llegaron a decir palabras como las que veremos a continuación:

«En esta vida todo tiene su momento; hay un tiempo para todo». (Ecl 3: 1), TLA. «Mas yo en ti confío, oh Señor… Tú eres mi Dios, en tu mano están mis tiempos…». (Slm 31: 14-15) RV60.

«Mirad, pues, con diligencia cómo andéis, no como necios sino como sabios, aprovechando bien el tiempo, porque los días son malos. Por tanto, no seáis insensatos, sino entendidos de cuál sea la voluntad del Señor» (Ef 5: 15-17) RV60.

«Enséñanos a entender la brevedad de la vida, para que crezcamos en sabiduría». (NTV).

«Enséñanos de tal modo a contar nuestros días, que traigamos al corazón sabiduría». (Sl 90: 12) RV60.

Si nos fijamos bien en estos pasajes bíblicos, ellos, de una u otra manera, nos están hablando del tiempo y del uso de este a lo largo de nuestra vida.

También es importante mencionar que en el idioma que fue escrito el Nuevo Testamento, a veces, se usaban diferentes términos, aunque en el castellano se use una sola palabra para describir un término en concreto.

Es conocido por la gran mayoría de personas, que el Nuevo Testamento fue escrito en griego. Por ello, los términos bíblicos más usados para la palabra tiempo son: Kronos, Kairós y Pleroma.

En este libro nos adentraremos en el significado práctico, vivencial y espiritual de cada una de estas palabras y trataremos de ver qué podemos aprender para ponerlo en práctica en nuestras vidas de manera cotidiana. Claro está, que tendremos que discernir según el momento que estemos viviendo, para aplicarlo tanto en lo secular como en nuestra vida espiritual.

Ahora bien, antes de entrar de lleno en el tema, es importante enfatizar que necesitamos entender cuáles son cada uno de los tiempos. De hecho, en cada uno de ellos debemos ser conscientes de que Dios, nuestro Creador, interviene de manera directa. Además, veremos cómo es cada tiempo, y de la manera que opera cada uno de ellos en nuestras vidas, ya que, si no entendemos esto, no sacaremos el máximo provecho en este viaje tan apasionante.

Dicho esto, te quiero dejar una herramienta que a lo largo de mi vida me ha sido muy útil. Me estoy refiriendo a *La matriz del tiempo* de Stephen R. Covey del libro *Los siete hábitos de la gente altamente efectiva*. Ella habla por sí sola y no necesita mucha explicación, ya que siguiendo el cuadrante sabremos diferenciar lo importante de lo urgente y lo que no lo es, de lo que lo es. (2).

	URGENTE	**NO URGENTE**
IMPORTANTE	¡ACTUA YA! 	PLANIFICA 
NO IMPORTANTE	DELEGA 	¡ELIMINA! 

Por todo lo anteriormente mencionado, es importante tener claro lo prioritario porque ello nos mostrará el mapa divino donde nos encontramos y hacia dónde nos dirigimos. Por lo tanto, prepárate para esta travesía, porque comenzamos con el tiempo kronos.

NOTAS

1 Rabieh Abid. https://www.shinecoachingbarce-lona.com/es/discurso-brian-dyson-coca-cola-despedida/. EE.UU., Periódico Georgia Tech, 1991, p.3

2 Stephen R, Covey, Los siete hábitos de la gente altamente efectiva, Barcelona, Grupo Planeta, 2011, p.200.

CAPÍTULO 1

El Tiempo

KRONOS

"LOS DOS DÍAS MÁS IMPORTANTES DE NUESTRA VIDA
SON CUANDO NACEMOS Y CUANDO DESCUBRIMOS
EL PROPÓSITO PARA EL CUAL HEMOS NACIDO"

⟨ CAPÍTULO 1 ⟩

KRONOS: EL TIEMPO DEL HOMBRE.
EL TIEMPO DE VIDA, EL TIEMPO DE RELOJ

Tu capacidad para administrar el tiempo, como cualquier otra práctica en tu carrera... determinará tu éxito o fracaso. El tiempo es un recurso indispensable e insustituible para el logro. Es tu bien más preciado. No se puede guardar, ni puede ser recuperado una vez perdido. Todo lo que tienes que hacer requiere tiempo, y cuanto mejor utilices tu tiempo, más lograrás y mayor será tu recompensa." (1).

De este término proviene la raíz de la palabra cronómetro, cronógrafo, cronología y sus derivados y sinónimos.

Por citar un ejemplo que nos haga más comprensible esta palabra griega.

La cronología es la:

«Determinación de un hecho y su ordenación en el tiempo en función de la fecha en que se produjo». (2).

La Biblia nos enseña que Dios en la creación creó el sol, la luna y las estrellas para medir los tiempos terrenales (Gn 1: 14-18), y por eso las unidades de medida de nuestro tiempo son: milenios, siglos, años, meses, días, horas, minutos y segundos. kronos es el tiempo del hombre o, mejor dicho, el tiempo que el hombre vive en esta tierra y debe administrar de manera sabía e inteligente.

En este tipo de tiempo es donde cada uno de nosotros podemos desarrollarnos, formarnos y crecer para llevar a cabo el propósito para el cual hemos sido creados. Por ello es vital aprovechar bien este kronos porque después ya no habrá lugar ni tendrá sentido, porque pasaremos a vivir en otro tiempo conectado con la eternidad.

Por todo esto, es importante reconocer los dos días más importantes de nuestra vida. El primero cuando nacimos a este mundo, cuando vimos la luz como un integrante más de la humanidad, del planeta Tierra. Y, el segundo, cuando descubrimos el propósito para el cuál nacimos. Es decir, para qué estoy aquí en la Tierra.

Tómate unos minutos y detén la lectura para pensar, meditar o reflexionar acerca de lo que te voy a decir ahora.

Tú naciste a propósito. No eres un accidente. Tú naciste con un propósito. Dios te dotó con características o capacidades concretas. Tú naciste para un propósito. Finalidad concreta en la vida, una misión que cumplir.

Las Sagradas Escrituras en muchos de sus pasajes nos exhorta a hacer un buen uso del tiempo. Es decir, que administremos bien la vida que Dios ha puesto en nuestras manos como buenos mayordomos.

Veamos algunos pasajes…

«Andad sabiamente (no dice neciamente) para con los de afuera, aprovechando (Sig. Utilizar una cosa de forma que se obtenga el máximo provecho o rendimiento posible de ella) bien el tiempo». (Col 4: 5) RV60.

«Acuérdate de tu Creador en los días de tu juventud, antes que vengan los días malos, y lleguen los años de los cuales digas: No tengo en ellos contentamiento».
(Ecle 12: 1) RV60.

El regalo más grande que ha recibido el ser humano es la vida. Y nuestra vida está compuesta de tiempo Kronos (años, meses, días, minutos y segundos). Todos tenemos el mismo tiempo en un día. Todos tenemos la misma cantidad de horas cada semana: ciento sesenta y ocho horas.

Esta es una realidad que muchos no valoran y, por ello, dejan pasar los días volando y sin lograr nada productivo que les lleve a conseguir su sueños, metas o propósito de vida.

Quizás en este momento te estés preguntando acerca de cuál es tu propósito de vida porque aún no lo conoces. Pero si de algo te vale, recibe esto que te voy a decir ahora, comienza a servir y desarrollarte en el área donde hay una necesidad y en el camino encontrarás el porqué y el para qué estás en esta tierra.

Todo ser humano tiene una misión de vida y ella se lleva a cabo a través de una visión. Sin embargo, la diferencia entre la una y la otra es que la misión se descubre, pero la visión se diseña. (3).

La misión es nuestro propósito de vida. Ya sé quién soy porque lo he descubierto. No obstante, la visión es el cómo voy a llevar a cabo ese propósito de vida. El cómo, la estrategia que tengo que diseñar para llevar a cabo mi sueño y pasión por medio de la acción.

Helen Keller escritora, oradora, activista y primera mujer sordociega en obtener un título universitario dijo:

«Lo único peor a no tener vista es no tener visión».

Hay un vivo ejemplo de esto que estamos hablando en el relato bíblico de los diez leprosos en los evangelios. Ellos entendieron lo que Jesús haría en ellos si se ponían en acción, por esto, mientras iban a los sacerdotes (ponerse en acción) eran sanados por el camino. (Lc 17: 11-19).

Lo que diferencia a una persona productiva de otra que no lo es, no es que sea mejor o peor en cuanto a capacidad se refiere. Todos tenemos dones, talentos y habilidades predominantes. Es decir, no hay ser humano que no tenga fortalezas. El punto está en cómo las gestionamos o administramos.

Igual sucede con el tiempo, este es un bien irrecuperable y si no sabemos gestionarlo y sacarle el máximo rendimiento viviremos con el síndrome del bombero, apagando fuegos que nunca se apagan o con un sabor agridulce de haber hecho muchas cosas, pero que al final del día no nos lleva a los resultados esperados y nos frustramos.

El propósito de nuestro Creador (Dios) es que aprendamos a aprovechar más el tiempo. Es decir, a no perder la vida en lo que no tiene sentido, a lo que no nos lleva a ninguno destino y tampoco produce vida.

Si nuestro deseo es ser buenos administradores de los muchos recursos que Dios nos ha dado, es vital saber que el tiempo, la vida, es uno de los más importantes por no decir que el que más. Es cierto que no nacemos sabiéndolo todo, por ello, es necesarios incorporar métodos o herramientas para que seamos personas efectivas usando nuestro tiempo.

Brain Tracy, en su libro *Administración del tiempo* nos da cuatro pautas para ser efectivos al respecto. Él lo llama «Las cuatro D para la efectividad» y me ha parecido interesante mencionarlo, porque creo que puede ser de mucha utilidad para el lector.

Él dice textualmente:

La primera D es el deseo: debes tener un intenso y apasionado deseo de conseguir controlar el tiempo y lograr la máxima eficacia. La segunda D es decisión: debes tomar la decisión de practicar buenas técnicas de gestión del tiempo hasta que se conviertan en un hábito. La tercera D significa determinación: debes estar dispuesto a persistir frente a todas las tentaciones en contra hasta que te hayas convertido en un gestor eficaz del tiempo. Tu deseo reforzará tu determinación. Y, por último, la clave más importante para el éxito en la vida, la cuarta D, es la disciplina: debes disciplinarte para hacer de la gestión del tiempo una práctica permanente. La disciplina efectiva es la voluntad de obligarte a pagar el precio, y hacer lo que sabes que debes hacer, cuando debes hacerlo, te apetezca o no. Esto es crucial para el éxito. La recompensa por convertirte en un excelente administrador del tiempo es enorme. Es la calidad identificable y vivible de una persona eficiente frente a alguien ineficaz. (4).

Fíjate si para Dios es importante esto que estamos hablando que en Gálatas 6: 5 dijo:

«Pues cada uno es responsable de su propia vida». (NTV).

Aquí vemos que el uso del tiempo está unido al nivel de responsabilidad y compromiso, ya que uno dedica tiempo kronos (tiempo de reloj o del día) a lo que para él es importante, como hemos dicho en más de una ocasión. Por ello, la diferencia entre las personas que hacen que sus vidas cuenten y las que no, está en cómo administran su tiempo. Es decir, las que son responsables en el uso de su tiempo y las que no lo son, porque en realidad no lo valoran lo suficiente. Recuerda que, si valoras tu vida, tienes que valorar el tiempo, porque el tiempo es vida.

Dios quiere usar tu vida de forma increíble. Él te puso en este planeta para usarte para sus propósitos. Él desea que seamos sal viva y luz resplandeciente que transforme vidas y saque de la oscuridad a la luz de Cristo a muchos de nuestro entorno.

Sin embargo, muchas personas no logran experimentar su propósito de vida porque no buscan tiempo para Dios en su transitar por esta vida. Otros, en ocasiones lo incluyen, pero no le permiten que sea el Señor o máxima autoridad de sus vidas. Y la gran mayoría, tienen una agenda tan ocupada, tan cargada, tan saturada, que nunca aprenden cómo manejar su tiempo. Si quieres ser usado para grandes cosas y ser de influencia e inspiración para otros, debes usar y administrar bien tu tiempo e incluir a Dios en él, como dice la escritura en el Salmo 127: 1.

«Si el Señor no edificare la casa, en vano trabajan los que la edifican; si el Señor no guardare la ciudad, En vano vela la guardia». RV60.

Dicho esto, debemos llegar a la siguiente conclusión. No excluyamos a Dios de nuestro tiempo Kronos. Deja que él sea también el dueño de esta área y todo lo que hagas será prosperado.

La Biblia dice en Salmo 90: 12.
«Enséñanos a contar bien nuestros días, para que nuestro corazón adquiera sabiduría». (NVI).

Date cuenta de que el uso del tiempo debe ser aprendido, no nacemos con esta habilidad. La mayoría de las personas no son buenas en esto. De manera natural desperdiciamos el tiempo, lo malgastamos en cosas sin importancia, intranscendentes y, cuando las cosas no salen o se hacen a última hora, ponemos la excusa o lo achacamos a que NO TUVIMOS TIEMPO. (5).

Pero si uno es honesto, sabe a la perfección que tuvimos tiempo, él problemas es que no lo hemos planificado, administrado o nos hemos anticipado, y al final como se suele decir por tierras españolas: ME PILLÓ EL TORO.

Apreciado lector, hoy quiero lanzarte un reto de vida. Elige ser alguien humilde y enseñable para que aprendamos a gestionar y aprovechar bien el tiempo; es decir, la vida.

Dicho esto, hay que dar el primer paso. Eso significa dejar de quejarte de lo mucho que tienes que hacer y de lo mucho que no consigues hacer, y de lo muy cargado y trabajado que estás, así como de lo estresado que te sientes.

No olvidemos que, para hacer una cantidad de cosas, debemos comenzar por el principio y el principio simplemente empieza al hacer algunas elecciones sabias e inteligentes.

A continuación, veremos algunos pasos importantes para usar bien el tiempo:

1.- Prioridad:

La prioridad está muy unida al enfoque. La prioridad es lo que definirá nuestro éxito o logro en cada acción que llevemos a cabo. Alguien enfocado es alguien que sabe priorizar y evitar las distracciones que le apartan de su propósito de vida.

El sabio Saulo de Tarso dijo algo muy poderoso, que es pertinente recordar en estos tiempos tan acelerados.

«¿No sabéis que los que corren en el estadio, todos a la verdad corren, pero uno solo se lleva el premio? Corred de tal manera que lo obtengáis». (I Cor 9: 24) RV60.

Este pensador, de la antigüedad, usa una metáfora deportiva para hacernos ver que el buen uso del tiempo también está conectado a una vida de disciplina como la que tiene el deportista si quiere ganar en las pruebas que participa.

Por ello, no pretendamos llevar a cabo cosas cuando tengamos tiempo, porque nunca lo tendremos. Es vital ser disciplinados, y si no tenemos este hábito, quizá sea el tiempo de incorporarlo a nuestro *modus operandi* para que se convierta en un estilo de vida. Y, si lo logramos, podamos dedicar tiempo a aquello que para nosotros es importante.

Decir también, que es importante que no olvidemos que las elecciones controlan en mayor medida nuestro calendario más que las circunstancias. No obstante, nuestras circunstancias no cambiarán hasta que decidamos hacer buenas elecciones y tomar sabias decisiones.

Recuerda la frase que ya hemos mencionado con anterioridad:

«… cada uno es responsable de su propia conducta». (Gal 6: 5) NTV.

2.- Intimidad:

En estos días intensos he podido pensar, meditar, reflexionar, orar y leer de una manera diferente, esperando que Dios me hablara. Y, como siempre, él nunca defrauda.

Entre los muchos pensamientos y reflexiones, Dios me ha dado ideas de oro, oportunidades de oro y conexiones de oro, de las cuales estoy agradecido por ello. Pero en mi corazón había una interrogante: ¿Cuál es la llave maestra para tener victoria absoluta en la vida?

Cuando meditaba en ello, era consciente de que de la misma manera que en el terreno natural no existen las varitas mágicas, en el espiritual tampoco las encuentra uno por mucho que se afane.

Dios me llevó a pasajes tales como Éxodo 33: 14s donde Moisés le dijo a Dios que sin su presencia él no haría nada.

En 2 Samuel 6: 10s vemos que tan sólo con el Arca de la Alianza en la casa de Obed-Edón (que simbolizaba la presencia de Dios), su casa fue cambiada de forma extraordinaria en tan solo tres meses.

Estos y otros muchos pasajes quitaron el velo de mis ojos como a los caminantes de Emaús en Lucas 24: 16a, 29a, 31a y se me abrió un horizonte de una manera diferente.

Dicho descubrimiento no fue otra cosa que entender que la llave maestra para tener una vida de victoria y de poder de forma sobrenatural es «la presencia de Dios», de una manera notable y diferenciada. Sin ella todo fracasará, pero donde ella esté habrá sobreabundancia en todos los aspectos; tanto naturales como espirituales. Por ello, hoy debemos decirle al Espíritu Santo que quite el velo de nuestros ojos espirituales, porque queremos conocerle más y ver, y llamar las cosas como él las ve y las llama para aprovechar bien el tiempo o la vida que él nos ha regalado.

Pero para que eso suceda, tenemos que llamar y ver las cosas como Dios las llama y las ve.

Tenemos que cambiar nuestra confesión, nuestra manera de hablar, nuestra actitud, nuestra manera de pensar, y él cambiará nuestra forma de actuar o vivir, marcando la diferencia con el resto de los mortales.

I Samuel 3,1ss. Vemos a Elí, un sacerdote sin relación íntima con el Espíritu Santo, que ya no anhelaba estar en la presencia de Dios y disfrutar como en el pasado. Él bajó la guardia y todo su llamado como hombre de Dios en Silo lo tiró por la alcantarilla poco a poco. Recuerda que todo lo que se deteriora o crece es un proceso. Estemos alerta en ello.

La Biblia en Josué 6 dice que Israel poseyó Jericó, mas no sin antes invocar su presencia a través de un altar con doce piedras del Jordán como señal de que Dios estaba en medio de su pueblo, (Jos 4).

La Jericó fortificada es una figura que tipifica las puertas que están cerradas para muchos en sus vidas. Puertas que les impiden avanzar, crecer y madurar. Tenemos los ojos como velados, no vemos a larga distancia, falta la visión. Anhelamos todo de Dios, pero parece que todo se nos cierra.

Hoy Dios te dice: «... así como en el mundo natural las puertas se abren con llaves, en el mundo espiritual las puertas se abren también, pero con llaves espirituales». (6).

Pablo era consciente de esta revelación y por eso dijo en II Corintios 10, 4s:

> Porque las armas de nuestra milicia no son humanas; no, es Dios quien les da poder para derribar fortalezas: derribamos falacias y todo torreón que se yerga contra el conocimiento de Dios; cogemos prisionera toda maniobra y pensamiento a la obediencia a Cristo. (NBE).

En Mateo 16: 19 Jesús le dijo a Pedro que le entregaba «las llaves» del Reino. No obstante, aunque el Espíritu Santo tiene muchas llaves, tiene una que es «la llave maestra», y como bien hemos mencionado, esta no es otra que «la presencia de Dios», «la intimidad y la amistad con el Espíritu Santo».

El problema no es ni la puerta, ni la llave. El problema es que nosotros no queremos o anhelamos abrazar la llave de «su presencia» como anhelaba el rey David a lo largo de toda su vida. Ese fue su secreto a voces que muchos no abrazaron y aún siguen sin abrazar, y es por lo que no tienen victoria total en sus vidas.

Esto nos enseña algo muy poderoso. Es decir, la «intimidad con Dios» es fundamental para saber el tiempo que estamos viviendo y cómo aprovecharlo al máximo como les sucedía a los hijos de la tribu de Isacar.

«De los hijos de Isacar, expertos en discernir los tiempos, con conocimiento de lo que Israel debía hacer, sus jefes eran doscientos; y todos sus parientes estaban bajo sus órdenes». I Cro 12: 32 (LBLA).

La palabra de Dios nos muestra en Salmo 103: 7 que hay diversas formas en los que uno puede conocer a Dios. Es decir, hay tres maneras de intimidad con el Espíritu Santo. Puede ser por sus «hechos» en nuestras vidas, por sus «caminos» o «sendas» que son buenas y nos llevan al lugar correcto de destino y, por último, «por una relación personal de intimidad».

Este es el nivel más profundo de la relación con Dios. Es un nivel de intimidad, amistad y compañerismo. Es el nivel que los grandes hombres y mujeres de Dios del pasado tuvieron con el Espíritu Santo, y este es el nivel que él desea tener con nosotros hoy, para que cambie de forma radical el rumbo de la historia de nuestras ciudades y naciones.

La Biblia nos muestra que el ser humano desde que era criatura de Dios en el Edén fue creado para vivir en la presencia de Dios.

Hoy puede ser tu día, no mañana: ¡hoy!

Hoy es el día donde podemos decirle a Dios: «Abre mi entendimiento para que pueda ver como tú ves y usar la llave de tu presencia y sumergirme en intimidad contigo».

Hoy es el día donde podemos cambiar nuestra mentalidad y comenzar a cambiar nuestra actitud y nuestra pauta de comportamiento.

Hoy es el día donde podemos cambiar nuestra declaración o confesión. Nuestra manera de hablar sobre nuestras vidas, matrimonios, hijos, hermanos, iglesia, pastores, gobernantes y nación.

Hoy es el día donde podemos decidir tener una actitud de crecer más en Dios. De mirar con los mismos ojos de Dios, de tener un corazón abierto sin temores ni reservas o fantasmas del pasado, a tener una experiencia poderosa, refrescante y gratificante con el Espíritu Santo.

Hoy es el día donde podemos tomar la decisión de ser parte activa del ejército numeroso de Dios y levantarnos contra todo lo que se alza (sea externo o interno) en contra del Reino de Cristo aquí en la Tierra. Decide, pues, ser un buen soldado del reino de la luz y renuncia a todas las tinieblas en tu vida.

Hoy es el día donde podemos decidir ser gente de fe y proclamar que si creemos llegaremos a ver la gloria de Dios. Y tú nación, como la mía (España), será saturada de la presencia de Dios de Norte a Sur, de Este a Oeste para la Gloria de Dios. ¡Amén!

Hoy es el día donde podemos decidir ser canales que distribuyan la bendición del Señor y renunciar en el nombre de Jesús a todo espíritu de maldición sobre nuestras vidas, matrimonios, familias, iglesia, ciudad, gobernantes y nación.

Pacto-compromiso:

Espíritu Santo, hoy decido tener la actitud de buscarte cada día, quiero conocerte más, quiero amarte más, quiero ser tu amigo, quiero ser transformado más en tu presencia. Hoy me apropio de tu presencia, que es la llave para llevarme al nivel más alto para conocerte a ti.

Hoy decido en tu presencia que cambies mi forma de pensar, mi actitud de cómo ver las cosas y mi comportamiento.

Hoy decido que todo lo miro con los ojos de Dios y me abro a tu persona, Espíritu Santo, para que hagas de mi vida lo que quieras, cuándo quieras y cómo quieras.

Hoy decido ser una persona de fe y obediencia y renuncio a todo espíritu de rebelión que pueda haber en mi vida.

Hoy decido crecer más y más en ti, en tu palabra y en todas mis relaciones. Renuncio a todo espíritu que me limita y suelto sobre mi vida un espíritu de crecimiento, de bendición y de multiplicación. Declaro que soy tierra fértil, que la luz de Cristo alumbra mi vida y la de los míos para bendecir a muchos.

Hoy levanto bandera sobre este compromiso en el nombre de Jesús. ¡Amén!

3.- Disciplina:

La disciplina está conectada al compromiso y la responsabilidad. A veces nos movemos por deseos y emociones, pero llegar a ser alguien disciplinado, implica un esfuerzo por nuestra parte.

Además, en ocasiones no tendremos ganas, ánimo o deseo de llevar a cabo aquello a lo que nos hemos comprometido. Pero si de verdad queremos llegar al final de la carrera, la disciplina será una de nuestras mejores aliadas.

Llegar a ser alguien disciplinado no es algo que se logra de la noche al día, es un proceso de vida basado en una elección para crecer y tener una mejora continua de manera sistemática.

James Clear en su libro *Hábitos atómicos* dice algo muy poderoso.

«¿Por qué los pequeños hábitos generan una gran diferencia? Porque las pequeñas mejoras del 1 % son hechos apenas perceptibles. Pero a la larga pueden ser mucho más significativas». (7).

Lo que, en realidad, Clear trata de recordarnos es que las grandes cosas o sucesos no suelen darse muy a menudo en nuestras vidas. Mas si elegimos abrazar un hábito y sostenerlo en el tiempo, por muy pequeño que este pueda parecer, a la larga producirá resultados extraordinarios o fuera de lo común.

4.- Acción:

En una ocasión escuchando en un seminario al Dr. en Psicología Bernardo Stamateas, que decía: «muchos no se ponen en acción porque les falta motivación». Ahora bien, ¿qué es motivación? Nos preguntaba Stamateas a los presentes. (8).

Cada uno respondíamos lo que entendíamos como motivación. Sin embargo, él una vez más y de manera sencilla, y a su vez magistral, nos dio un *tip* muy poderoso de este término.

Nos explicó que la «motivación» es la suma de dos palabras: *motivo* y *acción*. Y nos dijo que lo que nos lleva a la acción es un motivo o deseo que nos produce algo internamente y nos saca de la zona de confort o de la parálisis del análisis para activarnos y ponernos a la acción.

En otras palabras, motivación es tener un motivo o deseo muy fuerte que nos active a ponernos en movimiento, y ese movimiento no es algo que se logra por inercia, sino de manera intencional.

Para lograr algo en la vida no basta sólo con desearlo o quererlo, es necesario actuar. Por ello, además del enfoque, la prioridad, la intimidad y la disciplina, tenemos que pasar del «yo quiero» al «yo voy» y al «yo puedo». Sólo de esta manera, con acción, empeño y la ayuda de Dios lo lograremos, ya que «Dios se mueve, con los que se mueven» como dice la Máster Coach Esmeralda Guindel. (9).

Las sagradas escrituras nos recomiendan que debemos aprender a usar nuestro tiempo sabiamente. Pero para sacar mejor partido del tiempo, debemos asumir la responsabilidad sobre el mismo.

Ahora bien, ¿cómo asumimos dicha responsabilidad? A través del compromiso.

Según Fran Quesada Máster Coach y director de MCC Europa el compromiso es la «Declaración en el lenguaje que sostengo con acciones». (10).

¿Por qué esta definición? Porque el lenguaje genera contextos nuevos.

Además, muchos dicen que no se comprometen porque no pueden, o no tienen tiempo, aunque de todos es bien sabido que la realidad es muy distinta, ya que uno se compromete con lo que elige y con aquello que para él es importante, como dijimos antes.

Dicho esto, podemos dejar una frase muy poderosa, que nos puede activar a la acción por medio del compromiso.

«No me comprometo porque puedo, puedo porque me comprometo». (11).

Ahora bien, según el autor Rick Warren en un artículo acerca de *Cómo aprovechar al máximo tu tiempo,* él expone que hay varios tipos de personas que en cuanto al uso del tiempo toman posturas muy diferentes: los acusadores, los que se excusan y los que eligen y deciden bien. (12).

1.- Los acusadores:

Son aquellos que van culpando a todos los demás de sus problemas. Acusan constantemente a los demás de ser los causantes de su situación. Son personas insatisfechas porque en su interior están peleadas con todos, con el mundo y hasta con ellas mismas.

2.- Los que se excusan:

No suelen culpar a los demás, pero buscan excusas para justificar por qué no hacen más con sus vidas y por qué no son buenos administradores. Se dicen a sí mismos mentiras que suenan bien y entonces se creen sus propias mentiras, porque tienen un monólogo interno muy activo y pesimista.

No olvidemos que toda mentira no nace en el corazón de Dios, sino del enemigo que desea verte sin propósito y como barco a la deriva.

Cuando los que se excusan quieren posponer algo, cualquier excusa estará bien. Si llueve porque llueve y si hace calor porque hace mucho calor.

Ahora bien, nunca lograremos nada en la vida si malgastamos el tiempo excusándonos o acusando a los demás.

que eligen y deciden sabiamente:

esea que seamos de este grupo. El desea que
os la responsabilidad del tiempo, de nuestras vidas. Es decir; que seamos los artífices de nuestro destino y
no víctimas de las circunstancias.

La Biblia es muy clara y directa en este asunto. Veamos
algunos pasajes acerca de las buenas elecciones y sabias
decisiones.

«¿Quién de ustedes es sabio y entendido? Demuéstre-
lo con su buena conducta (el buen fruto es la evidencia de
una buena semilla), y por medio de actos realizados con la
humildad propia de la sabiduría». (Sant 3: 13).

«El principio de la sabiduría es el temor al Señor; Los
necios desprecian la sabiduría y la enseñanza». (Prov 1: 7).

Para finalizar este capítulo, todo lo que hemos hablado
nos enseña que:

.-Estaremos tan cerca de Dios como queramos es-
tarlo. No es cuestión de tener o no tiempo. Es cuestión
de compromiso.

.-Seremos espiritualmente maduros como queramos serlo. La madurez no es cuestión de tiempo. Es
cuestión de dedicación.

.-Seremos tan felices como queramos ser cuestión de actitud.

.-Seremos tan disciplinado como lo decidamos ser. Es cuestión de trabajo y tesón.

.-Estaremos tan ocupado como lo queramos estar. Es cuestión de ser proactivos.

.-Aprovecharemos el tiempo cuando lo decidamos de manera intencional. ¡Es nuestra elección!

Dicho esto, elijamos dejar de quejarnos de lo mucho que tenemos que hacer y de lo cansado que estamos todo el tiempo, y de cómo las demás personas nos quieren estropear la vida.

Comienza a aceptar la responsabilidad del uso de tu tiempo, y haz elecciones inteligentes que hagan que tu tiempo sea efectivo y productivo.

Reflexiona sobre esto, y piensa esta semana en lo siguiente:

¿Tu lista de cosas pendientes depende de las circunstancias o de lo que tú eliges?

¿Elige cada día aquello que te ayude a sacar un tiempo personal para Dios, para los tuyos y para ti?

¿Te excusas a menudo? ¿Cómo ha afectado esto la forma en que administras tu tiempo?

Y, por último, recordemos algo importante.
Aprovecha tu tiempo, aprovecha tu vida, que esta pasa volando.

Nos vemos en el siguiente capítulo.

NOTAS

1 Brian, Tracy, <u>Administración del tiempo</u>, Nashville, Tennesse. Grupo Nelson, 2016, p. 55.

2 <u>Diccionario Real Academia Española</u>, Tomo I. Vigésima Edición. Madrid: Espasa Calpe, 1984, p. 399.

3 Quesada, Fran, <u>Clase Master MCC Tema: Misión. Y Visión</u>: Madrid: 2023.

4 Brian, Tracy, <u>op. cit</u>., p. 66.

5 Rick Warren, <u>Esperanza diaria. Serie: Aprovechando el tiempo</u>, California: 2022.

6 Contreras Márquez, Daniel, <u>Pasión por Dios</u> (2 Edición), Sevilla, España: Centro Cristiano Kairos, 2011, p. 57.

7 James, Clear, <u>Hábitos Atómicos</u>, Madrid: Planeta libros, 2020. p. 23.

8 Bernardo Stamateas. <u>Curso Liderazgo Extraordinario</u>, Madrid: MCC, 2021.

9 Esmeralda Guindel, <u>Clase Master MCC Tema: Ëtica del coaching</u>, Madrid: MCC, 2023.

10 Quesada, <u>op. cit</u>.

11 <u>Ibid</u>.

12 Rick Warren, <u>Esperanza diaria, Serie: Cómo aprovechar al máximo su tiempo</u>, California: 2018.

CAPÍTULO 2

El Tiempo
KAIROS

"EL TIEMPO KAIROS ES UN DE REPENTE,
UN MOMENTO DE SORPRESA, DE ALGO QUE SE DA
SIN QUE LA INTERVENCIÓN HUMANA TENGA ALGO
QUE VER EN ELLO"

CAPÍTULO 2

KAIROS:
EL TIEMPO DE DIOS. EL TIEMPO DE
LA OPORTUNIDAD

Si tuviéramos que definir al tiempo kairós podríamos decir que, kairós es el de repente de Dios. Kairós es el tiempo de la sorpresa, el tiempo de la oportunidad, es el momento en el que algo importante sucede.

El término kairós tiene sus raíces en la antigua Grecia y como concepto se refiere a un momento indeterminado en el que algo importante sucede y marca un antes y un después. Su significado literal, sería algo así como el momento adecuado u oportuno.

En la Biblia, así como el kronos es el tiempo cronológico, el tiempo lineal que pasa y se va consumiendo. Al usar kronos como término, nos referirnos al tiempo terrenal que se puede cuantificar o medir con el reloj. Es decir, kronos es el tiempo que el hombre vive en esta tierra el cual debe administrar con sabiduría e inteligencia.

Sin embargo, en la Biblia y también en el cristianismo, kairós es el tiempo establecido por Dios para hacer algo sobrenatural y que se sale de lo normal o común para entrar en la dimensión de lo extraordinario y sobrenatural.

Este es un de repente, un momento de sorpresa, de algo que en un momento concreto se da sin que la intervención humana tenga algo que ver en ello.

Es Dios interviniendo en el tiempo o la vida del hombre para convertirlo en un kairós de Dios, para bendecirnos y llevarnos a una nueva dimensión donde lo humano queda a un lado y somos llevados hacia algo que en verdad trascienda.

Este kairós no se puede medir, esperar o cuantificar, porque llega como ladrón en la noche, cuando nadie lo espera, presupone o intuye.

El tiempo kairós es algo que sólo Dios sabe cómo será, dónde será y cuándo será. El kairós de Dios deja al hombre en un campo abierto a la fe y la confianza de que, si él lo ha prometido, sin lugar a duda, él lo cumplirá, aunque humanamente pueda parecer imposible o que se retrasa.

No olvidemos que Dios no es hijo de hombre que mienta, ni hijo de hombre que se arrepienta. Por ello, aunque la visión parezca que tarda, Dios en su kairós la llevará a cabo y después llegará también a su plenitud, consumación o tiempo pleroma, como veremos más adelante.

En la Biblia encontramos muchos momentos kairós donde Dios interviene de manera soberana ante diferentes situaciones, vivencias o circunstancias.

Antes de ver algunos ejemplos bíblicos de los kairós de Dios, aclaro que cuando me refiero a este tipo de tiempo, no lo veremos desde un punto de vista etimológico de la palabra o el término que se usó en ese relato bíblico, sino más bien desde la perspectiva espiritual. De hecho, por todos es sabido que el antiguo testamento fue escrito en hebreo y algunas partes en arameo. Y, como bien sabemos, Kairós es un término griego usado en el nuevo testamento.

Aclarado esto, vayamos a esos ejemplos de los kairós de Dios en la Biblia.

1.- Cuando Israel es liberado de la esclavitud:

Aconteció que después de muchos días, (Kronos) murió el rey de Egipto, y los hijos de Israel gemían a causa de la servidumbre, y clamaron; y subió a Dios el clamor de ellos con motivo de su servidumbre. Y oyó Dios el gemido de ellos (en su Kairos), y se acordó de su pacto con Abraham, Isaac y Jacob. Y miró Dios a los hijos de Israel, y los reconoció Dios. (Ex 2: 23-25) RV60.

Y aconteció que a la medianoche Jehová hirió a todo primogénito en la tierra de Egipto, desde el primogénito de Faraón que se sentaba sobre su trono hasta el primogénito del cautivo que estaba en la cárcel, y todo primogénito de los animales. Y se levantó aquella noche Faraón, él y todos sus siervos, y todos los egipcios; y hubo un gran clamor en Egipto, porque no había casa donde no hubiese un muerto. E hizo llamar a Moisés y a Aarón, de noche, y les dijo: Salid de en medio de mi pueblo vosotros y los hijos de Israel, e id, servid a Jehová, como habéis dicho. Tomad también vuestras ovejas y vuestras vacas, como habéis dicho, e idos; y bendecidme también a mí. Y los egipcios apremiaban al pueblo, dándose prisa a echarlos de la tierra; porque decían: Todos somos muertos. Y llevó el pueblo su masa antes que se leudase, sus masas envueltas en sus sábanas sobre sus hombros. E hicieron los hijos de Israel conforme al mandamiento de Moisés, pidiendo de los egipcios alhajas de plata, y de oro, y vestidos. Y Jehová dio gracia al pueblo delante de los egipcios, y les dieron cuanto pedían; así

Canaán: que estaban reyes de los Jehová ...s de ..., y,

...s egipcios. *Partieron los hijos de* ...s *a Sucot, como seiscientos mil* ...e, *sin contar los niños.* También ...ande multitud de toda clase de ...muchísimo ganado. Y cocieron ...e la masa que habían sacado de ...no había leudado, porque al echarlos fuera los egipcios, no habían tenido tiempo ni para prepararse comida. El tiempo (Kronos) que *los hijos* de Israel habitaron en Egipto fue cuatrocientos treinta años. Y pasados los cuatrocientos treinta años, en el mismo día (Kairos) todas las huestes de Jehová salieron de la tierra de Egipto. (Ex 12: 29-41), RV60.

En estos relatos vemos que Dios tenía un plan y aunque muchas generaciones no vieron la libertad, en un abrir y cerrar de ojos, Dios propicia un tiempo kairos donde de manera repentina se abre todo y el pueblo es liberado y sale de Egipto con las manos llenas a diferencia de cómo llegó.

Eso sólo lo hace Dios. Eso son los de repente de Dios. Sin esperarlo, sin estar preparados, sin hacer absolutamente nada, Dios obra y trae bendición al que le cree y tiene la plena certeza de que la promesa de Dios se cumplirá.

2.- Cuando cesa el maná y entran

Cuando todos los reyes de los amorreos
al otro lado del Jordán al occidente, y todos los
cananeos que estaban cerca del mar, oyeron cómo
había secado las aguas del Jordán delante de los hijos
Israel hasta que hubieron pasado, desfalleció su corazón
no hubo más aliento en ellos delante de los hijos de Israel

En aquel tiempo (Kronos) Jehová dijo a Josué:
Hazte cuchillos afilados, y vuelve a circuncidar la
segunda vez a los hijos de Israel. Y Josué se hizo
cuchillos afilados, y circuncidó a los hijos de Israel
en el collado de Aralot. Esta es la causa por la cual
Josué los circuncidó: Todo el pueblo que había
salido de Egipto, los varones, todos los hombres de
guerra, habían muerto en el desierto, por el camino,
después que salieron de Egipto. Pues todos los del
pueblo que habían salido, estaban circuncidados;
mas todo el pueblo que había nacido en el desierto,
por el camino, después que hubieron salido de
Egipto, no estaba circuncidado. Porque los hijos
de Israel anduvieron por el desierto cuarenta años,
hasta que todos los hombres de guerra que habían
salido de Egipto fueron consumidos, por cuanto
no obedecieron a la voz de Jehová; por lo cual
Jehová les juró que no les dejaría ver la tierra de
la cual Jehová había jurado a sus padres que nos

la daría, tierra que fluye leche y miel. A los hijos de ellos, que él había hecho suceder en su lugar, Josué los circuncidó; pues eran incircuncisos, porque no habían sido circuncidados por el camino. Y cuando acabaron de circuncidar a toda la gente, se quedaron en el mismo lugar en el campamento, hasta que sanaron. Y Jehová dijo a Josué: Hoy he quitado de vosotros el oprobio de Egipto; por lo cual el nombre de aquel lugar fue llamado Gilgal, hasta hoy. Y los hijos de Israel acamparon en Gilgal, y celebraron la pascua a los catorce días del mes, por la tarde, en los llanos de Jericó. Al otro día de la pascua, comieron del fruto de la tierra, los panes sin levadura, y en el mismo día espigas nuevas tostadas. Y el maná cesó el día siguiente (Kairós), desde que comenzaron a comer del fruto de la tierra; y los hijos de Israel nunca más tuvieron maná, sino que comieron de los frutos de la tierra de Canaán aquel año. (Jos 5: 1-12), RV60.

En este relato hay una poderosa revelación y una gran enseñanza. Todos anhelamos experimentar el Kairós de Dios en nuestras vidas. No obstante, aunque ese tiempo es fruto de la intervención divina, algo que Dios me mostró es que, aunque el hombre no puede hacer nada, humanamente sí debe estar en consonancia con el plan de Dios para su vida.

Es decir, para que el kairós de Dios suceda, debemos estar alineados como Israel lo estuvo cuando levantaron un altar con doce piedras. Con este acto restauraron su relación de intimidad con Dios y en el valle de Gilgal renovaron el pacto por medio de la circuncisión, la cual no llevaron a cabo durante el tiempo en el desierto.

Por lo tanto, cuando la Biblia usa el término kairós está hablando de un tiempo que Dios nos abre, un tiempo de bendición, un tiempo de visitación, un tiempo oportuno, un tiempo señalado, preciso y correcto.

No olvidemos que el tiempo de Dios es perfecto. El problema es que nos cuesta entrar en su tiempo porque nosotros nos movemos en otra dimensión de tiempo. Él se mueve en el kairós y nosotros en el kronos y, por eso, no sabemos esperar y nos impacientamos cuando las cosas no salen o no se dan en nuestro tiempo. Por ello, es importante recordar lo que dijimos cuando hablábamos del tiempo kronos en el capítulo anterior.

Es decir, necesitamos entender cuáles son los tiempos de Dios, cómo es cada tiempo y de la manera que opera cada uno de ellos para aprovecharlos al máximo. Esto es importante tenerlo claro, porque nos mostrará el mapa divino donde nos encontramos y hacia dónde nos dirigimos.

La Biblia en Is 55: 8-9 nos dice que sus pensamientos y sus caminos no son los nuestros; pues igual sucede con el tiempo, su tiempo, el Kairós de Dios es mucho más alto que el kronos del hombre.

3.- Cuando Jesús viene al mundo para salvarlo:

«Porque Cristo, cuando aún éramos débiles, a su tiempo (Kairós) murió por los impíos». (R 5: 6) RV60.

Aquí la Biblia nos muestra uno de los kairós más poderosos, sino el que más de la historia de la humanidad. Dios irrumpe de manera sorpresiva, encarnándose en la persona de un tierno niño. Con su nacimiento, la historia humana es alterada y a partir de ahí la historia se divide a. C., y d. C. No obstante, la cosa no queda ahí, sino que al ver que este mundo no tenía solución, se entrega para saldar nuestra deuda eterna por el pecado y nos abre la puerta de la salvación. Algo tremendo y extraordinario para la raza humana.

Aquí vemos que el kairós es diferente al kronos. El kronos es previsible, pero el Kairós es repentino. Dios se hace hombre y Jesús entrega su vida para que nosotros no la perdamos eternamente, sino que tengamos una vida plena por la fe depositada en su sacrificio en la cruz.

Kairós es la medida correcta, la ocasión, el período definido, el tiempo oportuno, el tiempo favorable, el momento señalado y preciso. Kronos marca **cantidad**, kairós **calidad**.

¿Qué humano no desea entrar en esa dimensión del Kairós de Dios?

Kairós es el tiempo diseñado desde el cielo, dónde Dios interviene en la vida de los hombres de una manera sobrenatural y poderosa. Tiempo planificado en el cielo, que se manifiesta en la tierra, para bendición de los hombres.

En el tiempo kronos, los hombres podemos pensar que a veces Dios está tardando con cierta respuesta o milagro, pero Dios sabe qué, cuándo y cómo lo hace todo.

4.- Cuando Jesús va a Betania a resucitar a Lázaro:

Enviaron, pues, las hermanas para decir a Jesús: Señor, he aquí el que amas está enfermo. Oyéndolo Jesús, dijo: Esta enfermedad no es para muerte, sino para la gloria de Dios, para que el Hijo de Dios sea glorificado por ella. Y amaba Jesús a Marta, a su hermana y a Lázaro. Cuando oyó, pues, que estaba enfermo, se quedó dos días (Kronos) más en el lugar donde estaba. Entonces Marta, cuando oyó que Jesús venía, salió a encontrarle; pero María se quedó en casa. Y Marta dijo a Jesús: Señor, si hubieses estado aquí, mi hermano no habría muerto.

Mas también sé ahora que todo lo que pidas a Dios, Dios te lo dará. Jesús le dijo: Tu hermano resucitará (en el tiempo Kairós). (Jn 11: 3-6, 20-23) RV60.

María le dijo a Jesús: «Señor, si hubieras estado aquí (tiempo Kronos), mi hermano no habría muerto» y luego Marta, la otra hermana, le dijo: «Señor, hiede ya, porque es de cuatro días», pero Jesús dijo: «¿No te he dicho que si crees verás la gloria de Dios? (Jn 11: 32, 39, 40) RV60.

¿Cuándo vería ella esa Gloria de la que Jesús hablaba?

Al escribir esta sección recibí algo revelador de parte de Dios. La gloria de Dios no se experimenta en el kronos humano, sino en el Kairós divino. Sin embargo, para entender esto uno debe estar abierto a la revelación fresca de parte de Dios. Porque a Dios no lo puede limitar absolutamente nadie y, menos aún, un ser humano. Ya que, de ser así, tendríamos que quitar de las sagradas escrituras el pasaje de Deuteronomio 29: 29.

«Las cosas secretas pertenecen a Jehová nuestro Dios; mas las reveladas son para nosotros y para nuestros hijos para siempre, para que cumplamos todas las palabras de esta ley».

En el relato de Lázaro, la reacción de Jesús parece extraña. Se quedó dos días más donde estaba, a pesar de que Betania se encontraba tan sólo a tres kilómetros de Jerusalén, aproximadamente.

El Nuevo Testamento no explica esta manera de proceder de Jesús, pero al leer todo el contexto y saber que Jesús también era Dios, él conocía de antemano que la vida de Lázaro aún no había llegado a su fin. Por ello, esa divina espera sería un kairós especifico y motivo para darle la gloria a Dios por los muchos que llegarían a ser cristianos por ser testigos de la resurrección de Lázaro.

Esto nos enseña que Dios sabe lo que hace. Por ello, las intervenciones divinas no ocurren cuando queremos o esperamos, sino en el kairós de Dios y no en nuestros kronos.

Dicho esto, ¿cómo esperar en su tiempo, en su kairós? Cuando buscamos el propósito de Dios para nuestras vidas, tendremos tiempos de espera. Dios usará esos procesos, para prepararnos y evaluarnos de modo que podamos enfrentar lo que vendrá en la siguiente etapa de nuestra vida, donde nuestra fe será probada sin lugar a duda.

En ocasiones, nos inquietamos o impacientamos cuando estamos en esos tiempos de espera, nos estresamos, nos quejamos, nos ponemos tensos y nerviosos. Los Israelitas, cuando Dios puso un tiempo de espera en su jornada de Egipto a la tierra prometida, reaccionaron de igual manera:

«... el pueblo se impacientó con tan larga jornada y comenzó a hablar contra Dios y Moisés: ¿Por qué nos sacaron de Egipto para morir aquí en el desierto? –se quejaron–». (Num 21: 4-5) RV60.

La reacción natural del ser humano es buscar un culpable cuando las cosas no salen como esperamos, en vez de reconocer que quizás el error haya sido nuestro.
El error de quejarse y preocuparse de los israelitas fue lo que les impidió entrar a la tierra prometida, porque aún no era su kairos. Para estos no importaba lo que Dios había hecho por ellos. Cuando no tuvieron agua, Dios les proveyó agua. Cuando no tuvieron comida, Dios les dio comida. Sin embargo, ellos se quejaron de la comida que recibieron. Es fácil quejarse en el tiempo de espera, ¿verdad?

Proverbios 19: 2 dice:
«El entusiasmo sin conocimiento no vale nada; la prisa produce errores». (NTV).
«No es bueno actuar sin pensar; la prisa es madre del error». TLA.

Es frustrante tener prisa y que Dios no la tenga. ¡Dios nunca tiene prisa! La Biblia dice que un día es como mil años y mil años como un día para Dios. Él no tiene problemas con el kronos. Él es superior al tiempo. Ahora, recuerda que él nunca llega tarde.

Ya lo dijo el apóstol Pedro:

> [...] hermanos míos, no olviden que, para el Señor, un día es como mil años, y mil años son como un día. No es que Dios sea lento para cumplir su promesa, como algunos piensan. Lo que pasa es que Dios tiene paciencia con ustedes, porque él no quiere que nadie muera, sino que todos vuelvan a obedecerle. (II Pe 3: 8-9) (TLA).

Además, una de las cosas más inútiles que podemos hacer es intentar meterle prisa a Dios. Por ello, cuando intentamos hacer las cosas a nuestra manera y darle una ayuda a Dios, el asunto se complica y nos metemos en problemas.

Ahora bien, cuando hemos descubierto el propósito de Dios para nuestras vidas, desde que lo descubrimos hasta que diseñamos la visión para llevarlo a cabo, hay un tiempo intermedio que, si no lo sabemos manejar bien podemos impacientarnos y desesperanzarnos.

Algunos queriendo acelerar el tiempo de Dios, comienzan a buscar caminos alternativos o atajos para cumplir dicho propósito, pero esa manera de proceder tiene un recorrido muy corto.

Sin embargo, la palabra de Dios nos anima a confiar en el kairós de Dios y saber esperar, porque de seguro que llegará cuando más lo necesitemos y menos lo esperemos.

El Salmista dijo en el Salmo 37: 7-8.

«Quédate quieto en la presencia del Señor, y espera con paciencia a que él actúe… No pierdas los estribos, que eso unicamente causa daño». (NTV).

Como reflexión final del capítulo, hagámonos la siguiente pregunta:

¿Qué ocurre cuando el kairós de Dios llega?

Recuerda que el tiempo de Dios es perfecto, aunque a veces no lleguemos a entenderlo. Cuando el kairós de Dios llega, todo sucede de la manera que menos nos hemos imaginado. Este es un tiempo donde las cosas imposibles se hacen posibles. Es un tiempo basado y regido por la soberanía de Dios, donde él como soberano que es interviene en el tiempo del hombre para realizar sus planes y cumplir sus promesas.

Así que, indistintamente sea nuestro propósito de vida, por simple que parezca, debemos pedir dirección al Señor. Es por ello, que debemos aprender a escucharlo y saber reconocer su voz. Solo de esa manera podemos llevarlo a cabo según su diseño, y no apoyados en nuestra propia prudencia, inteligencia o conocimiento.

Ya lo dijo el sabio Salomón en Proverbios 14: 12
«Hay cosas que hacemos que nos parecen correctas, pero que al fin de cuentas nos llevan a la tumba». (TLA).
«Hay camino que al hombre le parece derecho; pero su fin es camino de muerte». (RV60).

Dios tiene todo en sus manos. Él no tarda, pero tampoco llega antes, él sabe cómo y cuándo hacer las cosas. Nosotros debemos seguirle y amarle con todo nuestro corazón, confiando en su bondad y poder.

Un vivo ejemplo de ello lo tenemos en José cuando se encontraba en Egipto. José estaba viviendo un kronos, aun así, saber esperar lo llevó a un kairós. Es decir, al momento o tiempo de Dios, para más tarde llevarlo al pleroma, la plenitud o consumación de lo prometido por Dios veinte años atrás.

Dicho todo esto, no te preocupes tanto por llegar a la meta, disfruta del proceso, lo cual es una buena señal, porque cuando menos lo imagines llegará el kairós de Dios a tu vida.

Es decir; **el tiempo perfecto de Dios.**

CAPÍTULO 3

El Tiempo
PLEROMA

"PLEROMA ES EL TIEMPO DEL CUMPLIMIENTO,
DE LA CONSUMACIÓN, DE LLEGAR A LA META
ESPERADA, AL PROPÓSITO CUMPLIDO"

CAPÍTULO 3

PLEROMA:
EL TIEMPO DEL CUMPLIMIENTO

Como ya hemos visto, el tiempo kronos es el tiempo del hombre. Es decir, el tiempo que tenemos que vivir en la Tierra. Es un tiempo medible y cuantificable. Es el tiempo de reloj.

El tiempo kairós es el tiempo establecido por Dios, donde él abre una oportunidad y marca un antes, y un después en el tiempo del hombre, para que este aproveche esa oportunidad.

El tiempo pleroma es el tiempo del cumplimiento, de la consumación, de llegar a la meta esperada o al propósito cumplido.

1.- Josafat y el tiempo pleroma:

En la Biblia hay muchos relatos poderosos, y uno de ellos es el de II Crónicas 20. Dicho relato nos puede ayudar a entender un poco más el por qué, a veces, no llega ese tiempo pleroma a nuestras vidas.

Para ponernos en situación es bueno conocer un poco la historia antes de llegar a este momento del cual estamos hablando. La historia de la cual hablo se puede leer en el segundo libro de las Crónicas de los reyes de Israel.

«Tenía, pues, Josafat riquezas y gloria en abundancia; y contrajo parentesco con Acab». (II Cro 18: 1) (RV60).

Josafat era rey de Judá, el cual respetaba y obedecía a Dios y le iba muy bien en todo lo que llevaba a cabo. Sin embargo, en un momento de su vida toma la decisión de unirse en parentesco con el rey Acab, uniendo a sus hijos en matrimonio.

Por ello, Dios no satisfecho con esa decisión, al volver a Jerusalén le habla por medio del profeta Jehú y le amonesta acerca de la decisión de alianza con el rey Acab (II Cro 19: 1-2).

Josafat rey de Judá volvió en paz a su casa en Jerusalén. Y le salió al encuentro el vidente Jehú hijo de Hanani, y dijo al rey Josafat: ¿Al impío das ayuda, y amas a los que aborrecen a Jehová? Pues ha salido de la presencia de Jehová ira contra ti por esto. (RV60).

Este relato nos enseña que debemos ser prudentes y sabios a la hora de escuchar propuestas y hacer alianzas, ya que si estás no son aprobadas por Dios o las tomamos solo desde la perspectiva humana, las mismas traerán consecuencias negativas y quebranto tanto a nuestras vidas como a la de nuestros seres queridos.

Con tristeza, esto que le sucedió al rey Josafat le suele ocurrir a muchas personas, este relato está plasmado en II Crónicas 20: 1, 3:

> Pasadas estas cosas, aconteció que los hijos de Moab y de Amón, y con ellos otros de los amonitas, vinieron contra Josafat a la guerra… Entonces, él tuvo temor; y Josafat humilló su rostro para consultar a Jehová, e hizo pregonar ayuno a todo Judá.

La decisión de Josafat cambió el rumbo de su vida, familia y reino. Vivía tranquilo, era próspero y estaba en paz con otros reinos cercanos. Pero de la noche a la mañana se ve inmerso en una guerra contra los Moabitas y los Amonitas, una guerra que no era suya por apoyar o tener solidaridad con la persona incorrecta.

Sin embargo, como era un hombre de Dios reconoció su error, se humilló y buscó a Dios para que él le diera una solución. Por ello, más tarde, el mismo rey Josafat dijo a pueblo algo muy poderoso.

[...] Oídme, Judá y moradores de Jerusalén. Creed en Jehová vuestro Dios, y estaréis seguros; creed a sus profetas, y seréis prosperados. Y habido consejo con el pueblo, puso a algunos que cantasen y alabasen a Jehová, vestidos de ornamentos sagrados, mientras salía la gente armada, y que dijesen: Glorificad a Jehová, porque su misericordia es para siempre. Y cuando comenzaron a entonar cantos de alabanza, Jehová puso contra los hijos de Amón, de Moab y del monte de Seir, las emboscadas de ellos mismos que venían contra Judá, y se mataron los unos a los otros. (II Cro 20: 20-22).

En lo personal, creo que Josafat, después de esta amarga experiencia que se podía haber convertido en tragedia, aprendió una lección de vida.

¿Qué lección aprendió este rey?

Que, aunque hayamos cometido errores y elegido caminos incorrectos, que aun cuando recibamos malas noticias, diagnósticos o amenazas externas. Si confiamos en Dios y obedecemos su palabra saldremos del atolladero, seguros y salvos.

En este relato, vemos que Dios habló al rey a través del profeta Jehú. Esto nos indica que él puede hablarnos por diferentes canales o medios, y, sobre todo, nos habla a través de sus profetas y su palabra escrita, la cual es un testamento de vida para los que deciden creer en él.

En una ocasión, escuchaba a un hombre de Dios que decía que cuando el pueblo recibe tanto y la palabra es buena, se acostumbra y cree que eso es la norma y el corazón se endurece, a tal punto, que no sabe discernir lo que viene del Espíritu Santo, de lo que no viene.

Esto es importante, porque lo que recibamos debemos filtrarlo con la palabra de Dios, porque muchos no saben, ni disciernen o conocen los tiempos de Dios, como le sucedió a Josafat en este episodio de su vida.

Es importante estar atentos a lo que voy a decir, ya que hay gente que vive en el kronos, cuando Dios les está abriendo un kairós y no se dan cuenta. Un ejemplo de esto lo vemos cuando Jesús entraba en Jerusalén montado en un asno y los religiosos en la sinagoga estaban esperando al Mesías, cuando el Mesías estaba pasando justo a sus espaldas. Estaba pasando junto a ellos y ni se dieron cuenta. No seamos nosotros de ese grupo de los que no nos demos cuenta cuando Dios está haciendo algo poderoso.

También hay personas a las que les gusta tanto el kairós que creen que es lo máximo, cuando en realidad

Dios tiene un tiempo pleroma, de bendición total para sus vidas, familia, entorno y desempeño.

Ahora bien, **¿por qué sucede eso?**

Porque como dijimos antes sobre el tiempo kairós, para que este suceda de manera divina, debemos estar alineados como lo estuvo el pueblo de Israel cuando levantaron el altar con las doce piedras al cruzar el río Jordán y, más tarde en el valle de Gilgal, renovando el pacto por medio de la circuncisión.

Dicho esto, debemos entender que para que llegue el «pleroma» de Dios, antes debemos haber experimentado el kronos y el kairós.

¿Por qué esto es importante?

Porque solo de esa manera y basados en las sagradas escrituras, entenderemos y sabremos interpretar el mapa divino que nos irá acercando al tiempo pleroma que tanto llevamos esperando. Para algunos, quizá toda la vida.

Lo que voy a decir ahora es algo muy poderoso. Para conocer ese tiempo «pleroma», debemos conocer el corazón de Dios, y la mejor manera de conocerlo es a través de una relación de intimidad con él y conociendo su palabra, experimentándola como estilo de vida cada día.

Estos días atrás leía un libro del Dr. y Pr. Bernardo Stamateas. Y en uno de sus capítulos, hablando de la importancia de la palabra de Dios para la vida del cristiano dijo algo así:

«A más palabra, más experiencia; y a más experiencia, más palabra». (1).

Lo que él quería decir es que no podemos decir que sabemos o conocemos la palabra sin experimentarla y a la inversa, no podemos experimentar la palabra sin conocerla.

Es decir, no sirve «saber» que el Señor es mi pastor, si nunca lo experimentamos como tal. Saber sin experimentar es llenarse de información, de conocimiento; pero no tendrás vida, luz y mucho menos Cristo crecerá o se hará más presente en tu vida. ¿Se entiende esto?

El apóstol Pablo ya lo dijo en 1 Corintios 8: 1:

«... el conocimiento (solo) envanece, pero el amor edifica». (RV60)

Por otro lado, hay personas que «saben mucho». Pero no disfrutan de él, de Dios (solo disfrutan de conocer). En el pueblo cristiano usamos la expresión: «leer la Biblia» y animamos a todos a tomar el hábito de que sea algo cotidiano.

Ahora bien, leer la palabra no es un fin en sí mismo, la meta de leerla es para que a través de ella «vivamos a Cristo, y por medio de esa vivencia también experimentemos su palabra». Es decir, «leer la Biblia» es un encuentro con él, si no es así, es como leer un libro más. ¿No sé si me estoy explicando?

Cuando entendemos esto de lo que estamos hablando, nuestra vida espiritual se transforma, porque a través de la palabra conocemos más el corazón de Dios, su voluntad y propósito para nuestras vidas, lo que podemos y no debemos hacer, qué hacer y la manera de hacerlo, en qué momento hacerlo y cuándo nos tenemos que quedar quietos para no meternos en problemas.

Es decir, ir a la palabra nos hará crecer en madurez y experiencia porque ella será luz para nuestras vidas como dice el Salmo 119: 105.

«Lámpara es a mis pies tu palabra, y lumbrera a mi camino». (RV60)

Dicho esto, debemos hacernos la siguiente pregunta...

¿Por qué es importante conocer y experimentar la palabra?

Porque vivimos en unos tiempos en que tenemos que ver las cosas como Dios la ve. Si sólo vemos las cosas desde la perspectiva humana, no veremos con claridad. Y, en ocasiones, no estaremos sensibles a los tiempos que Dios está propiciando para nuestras vidas.

A continuación, veremos un ejemplo bíblico que nos puede traer más luz en este asunto que estamos tratando.

En un momento de mucha decadencia, tanto social como espiritual, por parte del pueblo de Dios, Jeremías fue levantado como profeta y Dios le preguntó algo extraordinario y poderoso.

> [...] ¿Qué ves tú, Jeremías? Y él dijo: Veo una vara de almendro. Y me dijo Jehová: Bien has visto; porque yo apresuro mi palabra para ponerla por obra. Vino a mí la palabra de Jehová por segunda vez, diciendo: ¿Qué ves tú? Y dije: Veo una olla que hierve; y su faz está hacia el norte. Me dijo Jehová: Del norte se soltará el mal sobre todos los moradores de esta tierra. (Jer 1: 11-14) RV60.

Hoy querido lector, Dios mismo te pregunta... «¿Y tú que ves?». ¿Qué tiempo es en el que estás viviendo? ¿Ves cómo Dios ve o cómo este mundo ve?

Ahora bien, sabes por qué a veces no vemos con nitidez y reconocemos los tiempos de Dios. Porque hemos fundamentado nuestras vidas en las experiencias y no en la palabra de Dios. Y, esto ha producido una generación de cristianos inmaduros o de chocolate, que se ofenden o derriten por cualquier problema y viven en base a sus emociones y no en base a su convicción en la palabra de

Dios como el ancla de su fe.

Hoy con tristeza, hay muchos que han experimentado al Señor sin saber o conocer la palabra. Y esto lo que busca es una experiencia más fuerte aún. Este tipo de cristianos son los que buscan la adrenalina espiritual, porque viven el momento y no les importa tanto en qué tiempo Dios quiere introducirlos o llevarlos. Este tipo de personas ama al Señor, y no lo pongo en duda. Ellos se han rendido a Cristo, pero no a su palabra. Es decir; la palabra no creció en ellos, no pudo aumentar en ellos. Quizá porque «no la entendieron», porque «les dio pereza» o por «no tener mentores o ser discipulados de manera correcta». Puede ser por una infinidad de motivos. Pero esa es su realidad. Y si uno no conoce la palabra, tampoco puede conocer bien el corazón de Dios y, aún menos, sus tiempos ni experimentarlos.

No obstante, si la palabra no fue el ancla de este tipo de persona, ¿qué o quién los sostuvo? La experiencia. Por lo tanto, algo que es necesario saber es que, para subir a un nivel más alto, no podemos sustituir el conocimiento de las sagradas Escrituras por la conocida frase: «Dios me dijo», «es que yo sentí». En base a esto, se han dicho barbaridades y se ha lastimado a muchas personas, porque había más de lo humano que de una voz divina.

Esto no es algo nuevo del cristianismo contemporáneo, esto ya sucedía en mayor o menor medida desde los inicios de la Iglesia cristiana. Por ello, el apóstol Pedro dijo en una de sus cartas.

Tenemos también la palabra profética más segura, a la cual hacéis bien en estar atentos como a una antorcha que alumbra en lugar oscuro, hasta que el día esclarezca y el lucero de la mañana salga en vuestros corazones; entendiendo primero esto, que ninguna profecía de la Escritura es de interpretación privada, porque nunca la profecía fue traída por voluntad humana, sino que los santos hombres de Dios hablaron siendo inspirados por el Espíritu Santo. (II Pe 1: 19-21) (RV60).

Además, si nos vamos tanto a las escrituras como a la historia de la Iglesia, todos los hombres y mujeres de Dios tenían un común denominador. Ellos conocían la palabra y la vivían. Ella era su experiencia. Porque cuanto más lo amo a él, más quiero conocerlo por medio de su palabra. Y cuando más lo conozco por la palabra, más lo amo por lo que él es y lo que hace en mí.

Ahora entendemos mejor, por qué algunas personas llamadas a experimentar un kairós se quedan en el kronos sin llegar a experimentar tampoco el pleroma. Y, al vivir en ese kronos, se les escapa la vida entre los dedos como si de agua se tratase, cuando en realidad han sido llamados a grandes cosas por parte de Dios.

Toda persona que ha experimentado el tiempo pleroma se la ha jugado. La gente quiere tener fruto, pero no siembra. Otros quieren tener hijos espirituales, mas no tienen intimidad con Dios para quedarse «embarazados» de una palabra del corazón de Dios para sus vidas.

Por lo tanto, si no sembramos, nunca habrá cosecha. Y, si no nos quedamos embarazados de un sueño, una visión o un propósito, nunca llegará el alumbramiento.

La finalidad del tiempo pleroma es cumplir o llevar a cabo el propósito de Dios en esta tierra con gente común pero que le cree a un Dios extraordinario y sobrenatural.

2.- Jesús y el tiempo pleroma:
Aunque el ejemplo bíblico más poderoso donde se ven los tres tiempos es en la persona de Jesucristo, también hay otros ejemplos que nos pueden ayudar. No obstante, veamos también el ejemplo de Jesús.

Kronos: Cuando nació, viniendo a la tierra y marcando un tiempo en la historia antes y después de su nacimiento. Antes de Cristo y después de Cristo.

Kairós: Cuando fue lleno del Espíritu Santo en el Jordán, capacitándolo para el ministerio.

Pleroma: Cuando en la cruz entregó su vida para salvar a la humanidad, consumando el propósito para el cual Dios lo había enviado a la tierra.

3.- Ester y el tiempo pleroma:

Otro ejemplo lo tenemos en la vida de Ester. En su historia vemos los tres tiempos y, de manera especial, el pleroma de Dios. Se encuentra en el libro de Ester y en este veremos cómo esta mujer de Dios llegó a ser reina de Persia.

Todo el libro de Ester es un poderoso relato donde vemos la mano de Dios obrar. En el mismo vemos los diferentes tiempos que le tocó vivir a Ester y a su tío Mardoqueo, a pesar de los muchos impedimentos que se encontraron, causados por el malvado Aman.

Ester tuvo un kronos donde ella nunca imaginó llegar al palacio como candidata a ser esposa del rey Asuero en sustitución de la reina Vasti.

La historia nos relata que la reina Vasti había despreciado a su esposo al no asistir al banquete que el rey daba a sus invitados (Est 2: 2-4, 8). Como resultado de ese rechazo, el rey comunicó esta noticia a sus servidores.

Y dijeron los criados del rey, sus cortesanos: Busquen para el rey jóvenes vírgenes de buen parecer; y ponga el rey personas en todas las provincias de su reino, que lleven a todas las jóvenes vírgenes de buen parecer a Susa, residencia real, a la casa de las mujeres, al cuidado de Hegai eunuco del rey, guarda de las mujeres, y que les den sus atavíos; y la doncella que agrade a los ojos del rey, reine en lugar de Vasti. Esto agradó a los ojos del rey, y lo hizo así. Sucedió, pues, que cuando se divulgó el mandamiento y decreto del rey, y habían reunido a muchas doncellas en Susa, residencia real, a cargo de Hegai, Ester también fue llevada a la casa del rey, al cuidado de Hegai guarda de las mujeres. (RV60).

Ester tuvo un kairós donde ella pasó de candidata, a ser la esposa del rey Asuero, el cual la amó profundamente. El relato dice:

Y la doncella agradó a sus ojos, y halló gracia delante de él, por lo que hizo darle prontamente atavíos y alimentos, y le dio también siete doncellas especiales de la casa del rey; y la llevó con sus doncellas a lo mejor de la casa de las mujeres. Y cada día Mardoqueo se paseaba delante del patio de la casa de las mujeres, para saber cómo le iba a Ester, y cómo la trataban. Cuando le llegó a Ester, hija de Abihail tío de Mardoqueo, quien la había tomado por hija, el tiempo de venir al rey, ninguna cosa procuró sino lo que dijo Hegai eunuco del rey, guarda de las mujeres; y ganaba Ester el favor de todos los que la veían. Fue, pues, Ester llevada al rey Asuero a su casa real en el mes décimo, que es el mes de Tebet, en el año séptimo de su reinado. Y el rey amó a Ester más que a todas las otras mujeres, y halló ella gracia y benevolencia delante de él más que todas las demás vírgenes; y puso la corona real en su cabeza, y la hizo reina en lugar de Vasti». (Est 2: 9, 11, 15-17) (RV60).

Ester tuvo su pleroma cuando al ver la injusticia de Aman contra el pueblo judío decidió jugársela, intercediendo y pidiendo clemencia al Rey. Ella, aunque era la esposa, no tenía la libertad de acceder al Rey si este no le daba permiso extendiendo su cetro real. Ester como judía que era, y conocedora de la ley (de la palabra). Se armó de valor y consciente del peligro que corría por tal decisión, pidió la ayuda de Dios y el apoyo de sus hermanos por medio del ayuno para salir victoriosa de este gran problema, tanto para ella como para su nación.

Ella dijo:

Ve y reúne a todos los judíos que se hallan en Susa, y ayunad por mí, y no comáis ni bebáis en tres días, noche y día; yo también con mis doncellas ayunaré igualmente, y entonces entraré a ver al rey, aunque no sea conforme a la ley; y si perezco, que perezca. (Estr 4: 16-17) (RV60).

Ester después de entender que tenía el apoyo de Dios y también del pueblo judío tomó la iniciativa, hizo su parte y Dios se encargaría del resto.

> Aconteció que al tercer día se vistió Ester su vestido real, y entró en el patio interior de la casa del rey, enfrente del aposento del rey; y estaba el rey sentado en su trono en el aposento real, enfrente de la puerta del aposento. Y cuando vio a la reina Ester que estaba en el patio, ella obtuvo gracia ante sus ojos; y el rey extendió a Ester el cetro de oro que tenía en la mano. Entonces vino Ester y tocó la punta del cetro. Dijo el rey: ¿Qué tienes, reina Ester, y cuál es tu petición? Hasta la mitad del reino se te dará. (Est 5: 1-3) (RV60).

El final del relato lo sabemos, porque Dios en su tiempo pleroma mostró su favor a Ester, a Mardoqueo y al pueblo judío por medio del rey. Asuero salvó a los judíos del exterminio y puso a Mardoqueo en el lugar de autoridad que tenía antes tenía Amán.

Después de haber visto el tiempo pleroma y en capítulos anteriores el tiempo kronos y el tiempo kairós. Tenemos que llegar a la conclusión de que no debemos menospreciar o infravalorar el tiempo que estemos viviendo. Tan importante es el tiempo kronos porque es sinónimo de que estamos vivos, ya que mientras hay vida, siempre hay esperanza.

Si Dios abrió un tiempo kairós en tu vida es porque desea llevarte a un nuevo nivel de trascendencia para dejar lo normal y entrar a lo sobrenatural, y extraordinario. Aprovéchalo y disfrútalo. No dejes pasar ese momento, quizá lleguen otros, pero cuando llegue tu kairós aprovecha esa ola de bendición, porque tal vez sea la que te lleve a lograr el propósito por el cual estás en esta tierra.

Y, por último, qué maravilloso tiene que ser llegar al tiempo pleroma donde todo se culmina, donde la plenitud llega, donde en Dios ya está consumado y el propósito cumplido. En palabras del apóstol Pablo sería algo así como tener la plena satisfacción cuando él dijo II Tim 4: 7-8.

He peleado la buena batalla, he acabado la carrera, he guardado la fe. Por lo demás, me está guardada la corona de justicia, la cual me dará el Señor, juez justo, en aquel día; y no solo a mí, sino también a todos los que aman su venida». (RV60).

Indistintamente sea el tiempo de Dios que vivas ahora, decide que cada uno de ellos sea parte de tu aprendizaje de vida hacia el crecimiento y la madurez. Dios, a través de ellos, te está capacitando y dotando de herramientas espirituales que nos ayudarán a retener, administrar, multiplicar y heredar.

El tiempo como herramienta de aprendizaje

1. **Retener:**

Lo que el enemigo te quiere robar. No le permitas que te robe lo que te pertenece por derecho legal (salud, gozo, paz, familia, matrimonio, finanzas). No le abras una puerta que es la base legal que él tiene para apropiarse de lo que es tuyo.

La palabra dice algo muy poderoso en Joel 2: 24-25 y de ello debemos apropiarnos.

«Las eras se llenarán de trigo, y los lagares rebosarán de vino y aceite. Y os restituiré los años que comió la oruga, el saltón, el revoltón y la langosta, mi gran ejército que envié contra vosotros».

2. **Administrar:**

Pídele a Dios sabiduría, inteligencia y cordura (buen juicio). Para gestionar y administrar con integridad todo lo que ha puesto en tus manos, principalmente el tiempo. No te dejes llevar por tus impulsos o instintos primarios (pienso y actúo, sin evaluar).

Decide tener consejeros sabios que te ayuden a ver las cosas desde una perspectiva o punto de vista diferente, antes de tomar una decisión importante que puede ser de bendición o arruinar tu vida.

El sabio Salomón dijo:
«Donde no hay dirección sabia, caerá el pueblo; mas en la multitud de consejeros hay seguridad». (Prov 11: 14) (RV60).

«Los pensamientos son frustrados donde no hay consejo; Mas en la multitud de consejeros se afirman Ningún proyecto prospera si no hay buena dirección; los proyectos que alcanzan el éxito son los que están bien dirigidos». (Prov 15: 22) (TLA).

3. **Multiplicar:**

Consúltale a Dios, pídele e investiga en su palabra para que él te dé la estrategia y la capacidad de José no sólo para administrar, sino para hacer crecer y multiplicar con honestidad lo que él te ha entregado.

Proverbios 13: 11 dice:
«La fortuna obtenida con fraude disminuye, pero el

que recoge con trabajo, la aumenta». (NBL).

Sin embargo, Eclesiastés 2: 26 dice:

«Porque al hombre que le agrada, Dios le da sabiduría, ciencia y gozo; mas al pecador da el trabajo de recoger y amontonar, para darlo al que agrada a Dios...». (RV60).

4. **Heredar:**

Lo que nos pertenece como hijos De Dios.

El Salmo 2: 8 dice:

«Pídeme, y te daré por herencia las naciones, Y como posesión tuya los confines de la tierra». (RV60).

Si Dios nos dio a su amado hijo, cuanto más nos dará lo que le pidamos conforme a su voluntad y para cumplir su propósito en esta tierra.

NOTAS

1 Bernardo Stamateas. <u>Comunión diaria: La práctica de la intimidad profunda con Dios</u>. Buenos Aires, 2021, p. 42.

2 Daniel Contreras Márquez. <u>El poder de la visión</u>. Sevilla, España: Editorial Foure, 2019. p. 116.

CONCLUSIÓN

Querido lector, finalizo orando, para que Dios te bendiga y puedas entender sus tiempos. Además, es mi deseo que puedas vivir sacando beneficios de cada uno de ellos, indistintamente sea la temporada que estés pasando.

Es cierto que a veces pensamos que hemos perdido demasiado tiempo en proyectos, actividades o relaciones que desde sus comienzos tenían el mismo destino que el Titanic.

No obstante, si te soy honesto, hoy creo que ese tiempo no ha sido perdido ni mucho menos. Ese ha sido un tiempo de aprendizaje donde tendrás mucha más claridad que antes. Ahora sabes lo que quieres, pero, sobre todo, y aun más, sabes lo que no quieres.

Dicho esto, me despido hasta la próxima entrega con unas palabras de mi anterior libro *El poder de la Visión*.

«Si te animas, comienza a subir conmigo hacia la cima. Y si aún necesitas un tiempo para reflexionar, tómate el tiempo que necesites; pero recuerda, yo estoy caminando hacia la cumbre, allí nos vemos. Te estoy esperando» (2)

Nos vemos en la cima.

BIBLIOGRAFÍA

Abid, Rabieh. https://www.shinecoachchingbarcelona.com/es/discurso-brian-dyson-coca-cola-despedida/. EE.UU., Periódico Georgia Tech, 1991, p.3

Clear, James. Hábitos atómicos. Madrid, España. Planeta libros, 2020.

Contreras Márquez, Daniel. El poder de la visión. Sevilla, España: Editorial Foure, 2019.

_____. Pasión por Dios. (2 Edición). Sevilla, España: Eben Ezer Artes Gráficas, 2011.

Covey, Stephen R. Los siete hábitos de la gente altamente efectiva. Barcelona, España: Grupo Planeta, 2011.

Diccionario de la Real Academia Española. Tomo I. Vigésima edición. Madrid, España: Espasa Calpe, 1984.

Guindel Sánchez, Esmeralda. Ética del coaching, Master MCC. Madrid, 2023.

Nueva Biblia latinoamericana. Madrid: Editorial Verbo Divino, 2006.

Nueva Traducción Viviente. Carol Stream, Illinois: Tundale Hous Publishers, Inc, 2010.

Nueva Versión Internacional. Estados Unidos de América: Grupo Nelson, 2007.

Quesada, Fran. *Misión y Visión, Master MCC.* Madrid: 2023.

Reina Valera 1960. Corea: Sociedades Bíblicas Unidas, 2011.

Reina Valera Contemporánea. Sociedades Bíblicas Unidas, 2011

Schokel y Mateos. *Nueva Biblia Española*. Ediciones Cristiandad, Madrid, 2000.

Stamateas, Bernardo. *Comunión diaria: la práctica de la intimidad profunda con Dios*. Buenos Aires, 2021.

Tracy, Brian. *Administración del tiempo*. Nashville, Tennesse: Grupo Nelson, 2016.

ACERCA DEL AUTOR

Daniel Contreras Márquez, es el fundador y CEO tanto de Kairos como del KAP (Centro de Alto Potencial). Es graduado de la Facultad de Teología UEBE y Master en Coaching por el CEU (Centro de Estudios Superiores) de la Fundación San Pablo Andalucía. Desde joven comienza a estar involucrado en el trabajo con personas, especialmente entre la juventud y más tarde en el mundo empresarial donde desempeña un puesto de director de agencia de una entidad financiera aseguradora.

Siempre tuvo una gran inquietud por el servicio al prójimo y junto con su esposa Esperanza Carrasco (graduada también como él en la misma facultad y Master en Coaching por MCC). Ambos, son los fundadores desde 2005 de lo que hoy conocemos con C. C. KAIROS en la costa del Sol, Málaga.

Actualmente, trabajan con personas de varias nacionalidades y viajan por España y otros continentes, impartiendo conferencias, formando líderes y aconsejando matrimonios. Su deseo es darles herramientas para que cada cual pueda descubrir su propósito de vida y puedan dejar un legado a las nuevas generaciones.

La finalidad de su misión y visión es la de ayudar a las personas a alcanzar sus sueños, sacando todo el potencial que llevan dentro. Para ello, las personas serán acompañadas en su crecimiento personal, espiritual y profesional por medio del *coaching*, el mentoreo y la formación de vida.

Daniel y Esperanza creen firmemente en el poder de la familia, ya que ella es la célula base de la sociedad y si la misma se deteriora o se rompe deja de cumplir el diseño original. Fruto de su matrimonio nacieron Miriam e Irene, ya profesionales en la actualidad en el campo de la medicina y las finanzas respectivamente.

Finalmente, tanto el autor como todo el equipo de KAIROS y el KAP tienen muy claro que su visión es poderosa y que pueden ayudar a muchas personas a descubrir su propósito de vida y experimentar resultados extraordinarios en diferentes áreas tanto personal, empresarial o espiritual.

MIS NOTAS

MIS NOTAS

MIS NOTAS

MIS NOTAS

MIS NOTAS

MIS NOTAS

110